신기하고 재밌는
공룡도감

신기하고 재밌는

공룡도감

글·그림 **씨엘**

차례

1. 가스토니아 · 7
2. 갈리미무스 · 9
3. 게오스테른베르기아 · 11
4. 고르고놉스 · 13
5. 고르고사우루스 · 15
6. 구안롱 · 17
7. 기가노토사우루스 · 19
8. 기간토랍토르 · 21
9. 기간토스피노사우루스 · 23
10. 나수토케라톱스 · 25
11. 다스플레토사우루스 · 27
12. 다이오돈 · 29
13. 던클리우스테우스 · 31
14. 데이노니쿠스 · 33
15. 데이노수쿠스 · 35
16. 데이노케이루스 · 37
17. 데이노테리움 · 39
18. 도에디쿠르스 · 41
19. 드로마에오사우루스 · 43
20. 디메트로돈 · 45
21. 디아블로케라톱스 · 47
22. 디플로도쿠스 · 49
23. 디플루카울루스 · 51
24. 딜로포사우루스 · 53
25. 람베오사우루스 · 55
26. 마이아사우라 · 57
27. 메가테리움 · 59
28. 모사사우루스 · 61
29. 모스콥스 · 63
30. 미크로랍토르 · 65
31. 민미 · 67
32. 바리오닉스 · 69
33. 바실로사우루스 · 71
34. 발라우르 · 73
35. 밤비랍토르 · 75
36. 벨로키랍토르 · 77
37. 벨제부포 · 79
38. 브라키오사우루스 · 81
39. 산둥고사우루스 · 83
40. 스밀로돈 · 85
41. 스코미무스 · 87
42. 스테고사우루스 · 89
43. 스티라코사우루스 · 91
44. 스피노사우루스 · 93

45. 실러캔스 · 95
46. 아르젠티노사우루스 · 97
47. 아마르가사우루스 · 99
48. 안킬로사우루스 · 101
49. 알로사우루스 · 103
50. 알베토사우루스 · 105
51. 암모나이트 · 107
52. 에드몬토니아 · 109
53. 에이니오사우루스 · 111
54. 엘라스모사우루스 · 113
55. 오르니툴레스테스 · 115

56. 오비랍토르 · 117
57. 유오프로케팔루스 · 119
58. 유타랍토르 · 121
59. 유티라누스 · 123
60. 이구아노돈 · 125
61. 카메로케라스 · 127
62. 카스모사우루스 · 129
63. 케라토사우루스 · 131
64. 켄트로사우루스 · 133
65. 켈렌켄 · 135
66. 코리아케라톱스 · 137

67. 코리토사우루스 · 139
68. 코틸로린쿠스 · 141
69. 콤프스그나투스 · 143
70. 크로노사우루스 · 145
71. 타르보사우루스 · 147
72. 테리지노사우루스 · 149
73. 토로사우루스 · 151
74. 투오지앙고사우루스 · 153
75. 트로오돈 · 155
76. 트리케라톱스 · 157
77. 티라노사우루스 · 159

78. 파라사우롤루푸스 · 161
79. 파라케라테리움 · 163
80. 파키리노사우루스 · 165
81. 파키케팔로사우루스 · 167
82. 폴라칸투스 · 169
83. 프로케라토사우루스 · 171
84. 프로토케라톱스 · 173
85. 프시타코사우루스 · 175
86. 프테라노돈 · 177
87. 하체고프테릭스 · 179
88. 후아양고사우루스 · 181

가스토니아

Gastonia

가스톤의 도마뱀 (초식)

미국 유타주에서 처음 발견했어요. 비교적 초기에 발견되었고 발견자인 로버트 가스톤(Robert Gaston)에게서 그 이름을 따왔답니다. 가스토니아는 등을 덮고 있는 가시가 특징적인 공룡인데 큰가시는 그 길이가 30cm나 돼요. 전체적인 모습은 갑옷으로 무장한 낮은 탱크와 유사한데 대부분의 곡룡들과 마찬가지로 1t에 가까운 몸무게를 지탱하기 위해 매우 굵고 튼튼한 다리를 가지고 있지요. 사족보행을 했지만 다리의 형태로 보아 뒷다리를 이용해서 몸을 지탱하고 설 수도 있었을 거예요.

분류 동물계—조반목—곡룡류   **출현시기** 백악기 전기   **크기** 몸길이 5m, 높이 1.8m, 몸무게 1t   **식성** 초식성

갈리미무스

Gallimimus

닭을 닮은 공룡 (잡식)

몽골에 있는 백악기 후기 지층에서 발견했어요. 갈리미무스라는 이름은 '닭을 닮은 공룡'이라는 뜻인데 생김새는 털 없는 타조에 가깝답니다. 타조를 닮은 공룡 가운데는 크기가 가장 크고, 육식 동물에 대항할 수 있는 별다른 무기가 없는 대신 가늘고 긴 뒷다리를 이용해 시속 50km 이상 빨리 달렸을 것으로 보여요. 달릴 때는 뼈 속이 텅 비어있는 긴 꼬리를 가지고 균형을 잡았으며, 세 개의 발가락이 달린 앞발로 물건을 집을 수도 있었답니다.

- **분류** 동물계→용반목→수각류
- **출현시기** 백악기 후기
- **크기** 몸길이 4~6m, 높이 2m, 몸무게 440kg
- **식성** 잡식성(공룡 알, 곤충, 도마뱀, 열매 등)

게오스테른베르기아

Geosternbergia

이빨 없는 날개 (육식)

미국에서 발견했어요. 원래 프테라노돈속의 스테른베르기아아속으로 알려져 왔는데 2010년부터 별개의 속으로 분류되기 시작했어요. 같은 과에 속하는 다운드라코 칸자이, 닉토사우루스 그라실리스, 프테라노돈 롱기셉스 등과 함께 공존하면서 먹이경쟁을 했을 것으로 보인답니다.

분류 동물계—익룡목—파충류　**출현시기** 백악기 후기　**크기** 날개길이 6~7m　**식성** 육식성

고르고놉스

Gorgonops

최초의 검치 (육식)

아프리카의 남아프리카공화국에서 처음 발견했어요. 검치를 가진 최초의 포식자로 고생대의 검치호라 불리죠. 강한 턱과 체력, 지구력을 모두 갖춰 페름기의 제왕으로 군림하며 대부분의 동물을 사냥했을 것으로 보인답니다. 사냥을 할 땐 12cm에 달하는 긴 송곳니로 먹잇감의 급소를 찔러 과다출혈로 죽게 했어요. 몸의 크기는 사자와 비슷한데 두개골은 20~35cm 정도로 표범이나 재규어를 능가하죠. 다리가 몸의 옆으로 툭 튀어나온 형태를 하고 있는데 이렇게 기형적인 몸의 구조 때문에 일찍이 멸종한 것으로 보여요.

- **분류** 동물계—수궁목—파충류
- **출현시기** 고생대 페름기 말기
- **크기** 몸길이 2~2.5m, 높이 0.8~1m, 몸무게 100~200kg
- **식성** 육식성(중대형동물)

고르고사우르스

Gorgosaurus

사나운 도마뱀 (육식)

북아메리카에서 발견했어요. 골격형태가 매우 사나워서 이름도 '사나운 도마뱀'이에요. 티라노사우르스류와 같이 살았고 무리의 습성 등도 티라노사우르스와 유사하답니다. 같은 시기, 같은 지역 에서 산 알베르토사우르스와도 흡사해서 스무 개가 넘는 골격이 발견됐는데도 여전히 분류에 어려움을 겪고 있어요. 비슷하거나 좀 더 큰 다스플레토사우르스와는 경쟁관계였을 것으로 보여요. 직접 사냥하기보다 죽은 동물의 시체를 처리하는 청소반 역할을 했을 것이라는 견해도 있답니다.

- **분류** 동물계─용반목─수각류
- **출현시기** 백악기 후기
- **크기** 몸길이 8~9m, 높이 3.5m, 몸무게 2.5t
- **식성** 육식성(죽은 동물)

구안롱

Guanlong

관이 달린 용 (육식)

중국 신장 위구르 자치구에서 발견했어요. 구안롱이라는 이름은 '관이 달린 용'이라는 뜻의 중국식 발음이랍니다. 발견 당시 초식공룡의 뼈와 함께 뒤엉켜 있었던 것으로 보아 구덩이에 빠진 초식 공룡을 잡아먹으려던 구안롱까지 함께 죽은 것으로 보고 있어요. 소형 티라노사우스과인데 이빨은 단순하지만 날카롭고 몸에 털이 있었을 것으로 추정돼요. 구안롱의 가장 큰 특징은 머리에 있는 볏인데 구애용이나 과시용이 아니었을까 추측하고 있어요. 주로 무리를 이뤄 생활했지만 간혹 단독 생활도 한 것으로 보인답니다.

- **분류** 동물계—용반목—수각류
- **출현시기** 쥐라기 후기
- **크기** 몸길이 3~3.5m, 높이 1m, 몸무게 75~100kg
- **식성** 육식성(작은 공룡이나 도마뱀)

기가노토사우루스

Giganotosaurus

거대한 남쪽의 도마뱀 (육식)

아르헨티나 파타고니아에서 발견했어요. 가장 큰 수각류 공룡 가운데 하나이고 '거대한 남쪽의 도마뱀'이라는 뜻을 가지고 있죠. 덩치는 큰데도 악력은 티라노사우루스의 1/3 밖에 되지 않아요. 다른 점이 있다면, 티라노사우루스는 사냥감을 물어서 으스러뜨리는데 기가노토사우루스는 이빨로 도끼처럼 찍어서 살을 베어내기 때문에 그에 적합한 턱 구조로 특화된 것이 아닌가 생각된답니다. 한 곳에서 여러 화석이 발견되는 것으로 보아 무리지어 생활하며 함께 사냥했던 것으로 보여요.

분류 동물계—용반목—수각류 **출현시기** 백악기 **크기** 몸길이 13~14m, 높이 7m, 몸무게 8~10t
식성 육식성(거대 용각류)

기간토랍토르

Gigantoraptor

거대한 약탈자 (육식)

오비랍토르처럼 다른 공룡의 알이나 새끼를 먹었을 것 같은데 최대 70배까지 크기 때문에 '거대한 약탈자'라는 이름을 갖게 됐어요. 20cm 가량의 긴 손톱을 가졌지만 그리 단단하진 않답니다. 목이 길어 한때 초식공룡이라고 생각한 적도 있지만 식성에 대해서는 여전히 다른 의견이 존재해요. 원래 털 있는 공룡은 대부분 크지 않지만 기간토랍토르는 그 크기가 티라노사우루스와 맞먹기 때문에 진화론에 영향을 주고 있죠. 몸집은 크지만 다리의 구조로 보아 타조처럼 빨리 달렸을 것이라고 생각한답니다.

분류	동물계→용반목→수각류	출현시기	백악기 후기	크기	몸길이 8~10m, 높이 4m, 몸무게 2t
식성	육식성(다른 공룡의 알이나 새끼, 소형 수각류)				

기간토스피노사우루스

Gigantospinosaurus

거대한 가시 도마뱀 (초식)

중국 사천에서 발견된 쥐라기 후기의 초식검공룡이에요. '거대한 가시 도마뱀'이라는 뜻으로, 이런 이름은 어깨에 달려있는 무시무시한 가시 때문에 붙여졌죠. 1992년에 최초 보고된 이후 몇 번의 논란을 거쳐 스테고사우루스에 속한다고 결론지었어요. 크기는 스테고사우루스 중소형이랍니다. 오각형 내지 육각형의 비늘이 온몸을 덮고 있으며 지느러미 형태의 작은 골판이 등줄기를 따라 꼬리까지 이어져요. 사족보행을 했고 앞발의 힘이 매우 강했답니다. 강이나 호숫가에 있는 숲에서 생활했을 것으로 보여요.

분류	동물계—조반목—곡룡류	출현시기	쥐라기 후기	크기	몸길이 4.2m, 높이 1.2m, 몸무게 700kg
식성	초식성				

나수토케라톱스

Nasutoceratops

큰 코가 있는 뿔 달린 얼굴 (초식)

미국에서 발견했어요. 외형은 오늘날의 황소를 연상시킨답니다. 주둥이가 짧고 눈 위에 둥글게 굽은 독특한 뿔을 가지고 있는데 이 뿔은 켄트로사우루스과 공룡 가운데 가장 길어요. 코뼈의 뒤쪽에 비어있는 공간이 있는 것은 다른 케라톱스과와 구분되는 나수토케라톱스만의 특징이에요. 이름은 '큰 코가 있는 뿔 달린 얼굴'이라는 뜻으로, 나수토케라톱스는 코가 큰 케라톱스 가운데서도 유독 큰 코를 가졌답니다. 하지만 이렇게 큰 코는 머리 뒤편에 위치한 후각세포의 위치로 봤을 때 후각과는 크게 관계가 없는 것으로 밝혀졌어요.

분류	출현시기	크기	식성
동물계—조반목—각룡류	백악기 후기	몸길이 4.5m, 몸무게 2.5t	초식성

다스플레토사우루스

Daspletosaurus

무서운 도마뱀 (육식)

캐나다 앨버타에서 발견했어요. 톱니처럼 뾰족하고 날카로운 이빨을 가졌는데 티라노사우루스보다 몸집은 작지만 이빨은 더 강력했던 것으로 보여요. 높은 턱과 넓은 주둥이를 가지고 있어 백악기 후기 먹이사슬의 꼭대기를 차지했답니다. 두개골의 크기는 1m가 넘지만 큰 구멍이 있어 무게가 많이 나가지는 않았을 것 같아요. 턱이나 이빨의 형태, 다리와 발가락 모양 등은 다른 티라노사우루스류와 비슷하지만 앞다리는 좀 더 길었어요. 무겁고 긴 꼬리로 몸통과 머리의 균형을 맞추며 몸의 중심을 잡았을 것으로 보인답니다.

분류 동물계—용반목—수각류 **출현시기** 백악기 후기 **크기** 몸길이 9m, 높이 3m, 몸무게 3t **식성** 육식성(각룡류)

다이오돈

Daeodon

지옥돼지 (잡식)

겉모습은 멧돼지를 닮았어요. 멧돼지류에서 갈라져 나온 엔텔로돈속에서는 최대급이며 가장 마지막에 나타났죠. 다른 엔텔로돈과 마찬가지로 높이 솟은 어깨, 두꺼운 몸통, 빠르게 달릴 수 있는 긴 다리를 가졌으며 머리뼈 길이가 90cm로 몸길이와 비교했을 때 큰 편이에요. 콧구멍이 약간 비스듬히 옆에 붙은 것은 코끝으로 땅을 팠다는 사실을 의미해요. 치열로 보아 잡식성이었을 것 같답니다. 머리뼈와 턱에 커다란 뼈 돌기가 있는데 이 돌기는 싸움에 이용됐을 것으로 보여요. 실제로 몇몇 화석에서는 싸움 중에 생긴 상처가 발견되기도 했죠.

분류 포유강—우제목—멧돼지과
출현시기 중신세 전기~후기
크기 몸길이 3.6m, 높이 1.8m, 몸무게 600~1000kg
식성 잡식성

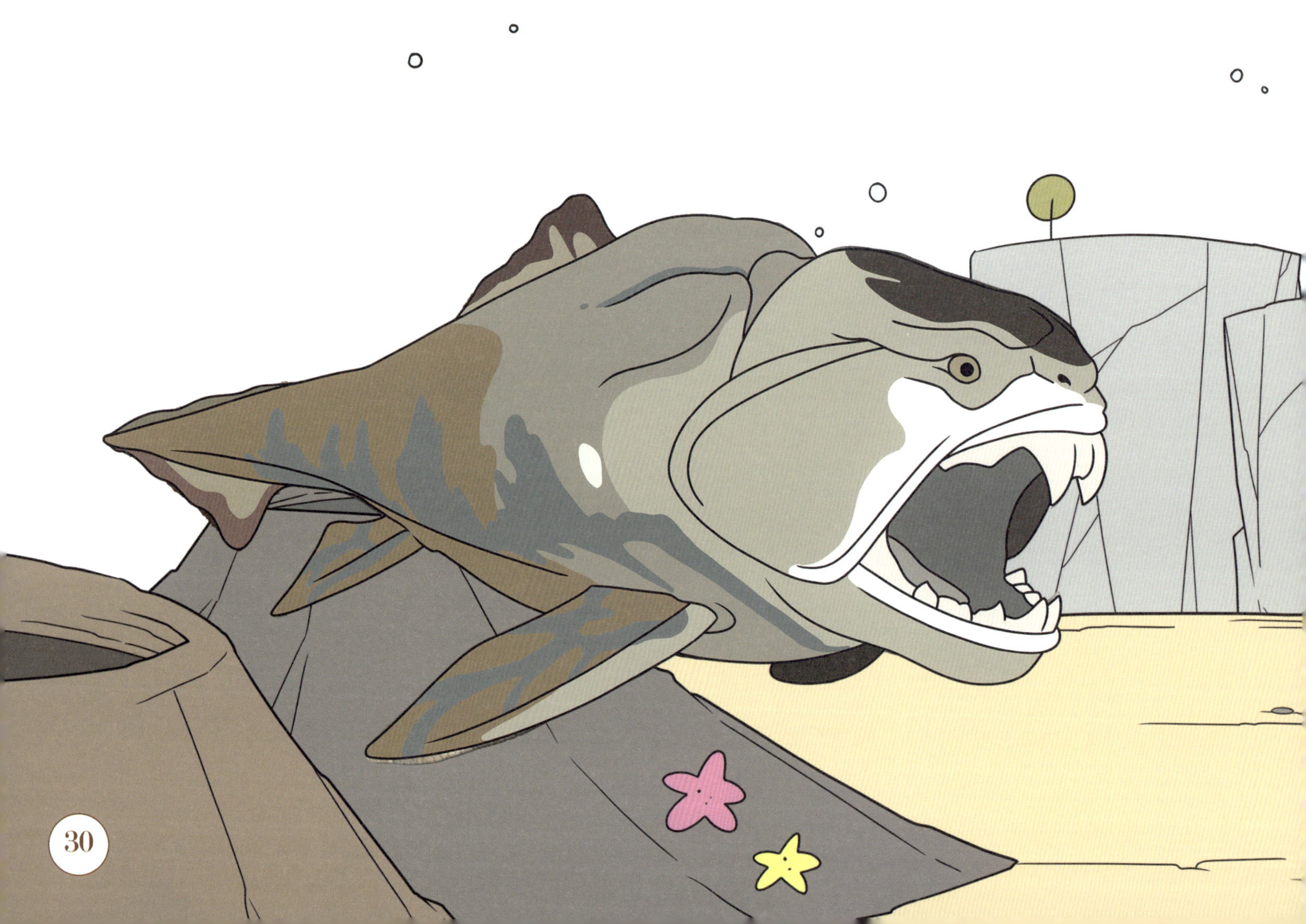

던클리우스테우스

Dunkleosteus

리드의 물고기 (육식)

지구상에서 가장 위험한 바다생물 가운데 하나예요. 포식성 어류로 판피어류 중에서 가장 크죠. 뼈가 그대로 자란 이빨은 거의 작두라고 할 수 있을 정도로 위용을 지녔어요. 모든 척추동물의 조상으로 알려져 있으며 동시대에 살던 티타니크티스만이 던클리우스테우스의 상대가 되었답니다. 초기 유악어류로, 턱이 없는 무악어류가 단순흡입만 했다면 유악어류는 도망치려는 먹잇감을 포획할 수 있었을 뿐만 아니라 무시무시한 이빨로 갑각류처럼 단단한 먹이를 먹는 것도 가능했다는군요.

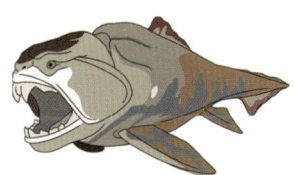

- **분류** 동물계—절경목—디니크티데과
- **출현시기** 고생대 실루리아기~데본기
- **크기** 몸길이 6~9m, 몸무게 3~5t
- **식성** 육식성(어류, 갑각류)

데이노니쿠스

Deinonychus

무서운 발톱 (육식)

미국에서 처음 발견했어요. '무서운 발톱'이라는 뜻을 가졌는데 무려 13cm나 되는 뒷다리 두 번째 발톱으로 먹잇감을 찔러 죽인 것으로 보인답니다. 시속 40km로 떼를 지어 다니며 날쌘 몸매와 튼튼한 다리를 이용해 자기보다 몸집이 훨씬 큰 먹잇감을 사냥했다는군요. 앞다리에 있는 세 개의 날카로운 발톱, 단단한 턱과 이빨도 무서운 무기가 되었을 거예요. 뇌의 크기로 보아 머리가 좋았을 거라고 추측할 수 있어요. 새를 닮은 외형 때문에 파충류와 조류의 진화증거로 제시되기도 한답니다.

| 분류 | 동물계→용반목→수각류 | 출현시기 | 백악기 전기 | 크기 | 몸길이 4m, 몸무게 25~90kg | 식성 | 육식성 |

데이노수쿠스

Deinosuchus

잔인한 악어 (육식)

북아메리카에서 발견했어요. 백악기 때의 원시악어로 '잔인한 악어'라는 뜻을 가지고 있죠. 물속 생물은 물론 물 밖에 있는 작은 공룡을 사냥했는데요, 물속에서 익사시킨 다음 잡아먹었을 것으로 보여요. 데이노수쿠스의 화석에서 믿기 힘든 뼈가 발견되었는데 바로 티라노사우루스 렉스예요. 아마 물가에 있다 잡아먹힌 것으로 보이는데 일단 물속으로 끌려 들어가면 몸을 빙글빙글 돌려 살점을 뜯어버리기 때문에 속수무책이었을 거예요. 두개골의 크기만도 거의 2m에 이르는 거구의 괴물악어로 대단한 악력을 가졌던 것 같아요.

- **분류** 동물계—파충강—크로커다일리아목
- **출현시기** 백악기 후기
- **크기** 몸길이 11~12m, 몸무게 5~10t
- **식성** 식성(바다거북, 큰 물고기, 작은 공룡)

데이노케이루스

Deinocheirus

무서운 팔 (잡식)

1965년에 몽골에서 양 앞발 화석이 발견됐어요. 이 화석은 2.4m에 달하는 매우 큰 앞발과 1.5m 의 어깨뼈, 20cm나 되는 갈고리 모양의 앞발톱을 가졌답니다. 그리스어로 '무시무시한 손', '무서운 팔'이라는 뜻의 학명은 이러한 외형적 특징 때문에 붙여진 거예요. 골격의 일부만 발견되어 오랜 세월동안 미스테리로 존재하던 데이노케이루스는 최근 한국지질자원연구소의 이융남 관장이 그 실체를 규명해 전 세계를 놀라게 했죠. 잡식성의 타조공룡이랍니다.

- **분류** 동물계—용반목—수각류
- **출현시기** 백악기 후기
- **크기** 몸길이 7~12m, 높이 5m, 몸무게 6~7t
- **식성** 잡식성(포유류, 공룡 알, 나뭇잎, 과일 등)

데이노테리움

Deinotherium

무서운 짐승 (초식)

데이노테리움이라는 이름은 '무서운 짐승'이라는 의미의 고대 그리스어에서 유래했어요. 장비목 (코끼리)은 유럽과 인도의 신생대 제3기 미오세와 플라이오세에 번성했고 아프리카에서는 제4기 까지도 존재했던 특이한 코끼리예요. 위턱에는 상아가 없고 아래턱에만 뒤로 굽은 짧은 상아가 있죠. 정확하게 밝혀진 바는 없지만 이런 특이한 형태의 상아는 뿌리를 캐내거나 나무줄기를 벗겨낼때 사용했던 것으로 추측된답니다.

- **분류** 동물계—장비목—데이노테리움과
- **출현시기** 신생대
- **크기** 몸길이 7.5~9m, 높이 3.5~5m, 몸무게 5.5~14t
- **식성** 초식성(나무껍질)

도에디쿠루스

Doedicurus

거대한 장갑차 (초식)

남미 아르헨티나에서 발견했어요. 꼬리에 가시가 돋아 있는 곤봉을 갖고 있답니다. 이것은 당대 최고의 사냥꾼인 스밀로돈으로부터 자신을 방어하기 위해 사용됐지만 짝짓기 철에는 철퇴처럼 생긴 꼬리를 휘둘러 다른 수컷과 겨루기도 했을 거예요. 온몸을 덮고 있는 비늘은 골반부위에서는 매우 촘촘하지만 어깨부위는 좀 느슨한 편이에요. 등 앞쪽이 다른 부위에 비해 조금 더 높게 솟아 있는데 여기다 낙타의 혹처럼 지방을 저장했을 것으로 보여요. 성격은 온순했답니다.

분류	동물계—빈치목—포유류	출현시기	신생대 플라이스토세	크기	몸길이 3.5~4m, 무게 0.5~1.4t
식성	초식성				

드로마에오사우루스

Dromaeosaurus

달리는 도마뱀 (육식)

북아메리카에서 발견했어요. 주둥이가 길고 목이 유연하며 전체적인 골격은 조류와 비슷하답니다. 머리뼈가 커서 머리가 좋았을 것으로 보여요. 코의 형태로 보아 후각도 상당히 발달했고, 눈이 커서 시력도 좋았을 거라고 추측해볼 수 있어요. 이빨은 면도칼처럼 날카롭지만 깨물기보다 자르기 편한 형태여서 사냥용은 아니었을 것 같아요. 대신 날카로운 갈고리발톱으로 사냥했다고 하네요. 꼬리를 들어 몸의 균형을 잡고 달렸으며 다리의 길이나 형태로 보아 시속 50km 이상 매우 빠르게 달렸을 것으로 생각된답니다.

| 분류 | 동물계—용반목—수각류 | 출현시기 | 백악기 후기 | 크기 | 몸길이 2m, 높이 1m, 몸무게 15~20kg |
| 식성 | 육식성 | | | | |

디메트로돈

Dimetrodon

두 종류의 이빨 (육식)

북아메리카에서 발견했어요. 디메트로돈은 '두 종류의 이빨'이란 뜻인데, 고생대 말에 살았던 원시파충류로 포유류형 파충류의 조상이에요. 다리가 긴 편은 아니지만 행동이 재빠르고 이빨이 날카로워 초식동물들에게는 상당히 위협적인 존재였을 것 같아요. 등에 달린 돌기로 태양열을 흡수 해서 체온조절을 했던 것으로 보이는데 이 돌기가 범선의 돛처럼 생겼다 해서 '범룡'이라고도 하죠. 하천 주변에서 화석이 발견되는 것으로 보아 물가에 살며 주로 물고기를 잡아먹었어요.

분류	동물계—반룡목—원시 파충류	출현시기	고생대 페름기	크기	몸길이 3m, 몸무게 250kg
식성	육식성(물고기)				

디아블로케라톱스

Diabloceratops

악마의 뿔 (초식)

미국의 유타주에서 발견했어요. 보통의 몸집에 사족보행을 하는 초식동물로 스페인어와 그리스어가 결합된 '악마의 뿔이 달린 얼굴'이라는 뜻을 가지고 있죠. 이런 이름은 목 부위의 프릴에 달린 뿔이 악마의 뿔을 연상시킨다고 해서 붙여진 거예요. 디아블로케라톱스의 두개골에는 후대의 더 분화된 케라톱스과 공룡에게는 볼 수 없는 작은 구멍이 있는데 이것을 근거로 초기 종들이 점진적 으로 분화되어 케라톱스과에 가까워졌다고 추측할 수 있답니다.

분류	출현시기	크기	식성
동물계─조반목─각룡류	백악기 후기	몸길이 2m, 높이 6m, 몸무게 2t	초식성

디플로도쿠스

Diplodocus

두 개의 기둥 (초식)

북아메리카에서 발견했어요. 이름에는 '두 개의 기둥'이라는 뜻이 있답니다. 몸의 길이에 비해 몸무게가 적게 나가는 것은 목뼈와 등뼈의 속이 비어있기 때문이에요. 그만큼 목이 가벼웠으며 척추 근육이 발달해 목을 자유롭게 움직일 수 있었죠. 목뼈 하나의 길이가 1m를 넘는 것도 있답니다. 가장 큰 특징은 70여개의 뼈로 이루어진 긴 꼬리인데 공룡 가운데 가장 길어요. 온순한 성격으로, 물가에 무리지어 살며 여린 잎 등 주로 부드러운 식물을 먹었어요. 육식공룡의 공격을 받으면 앞발의 날카로운 발톱과 길고 튼튼한 꼬리를 이용해 물리쳤을 것으로 보입니다.

분류	동물계─용반목─용각류	출현시기	쥐라기 후기	크기	몸길이 27m, 높이 6m, 몸무게 11t
식성	초식성(여린 잎)				

디플로카울루스

Diplocaulus

두 개의 줄기 (육식)

북아메리카에서 발견했어요. 고대 양서류의 한 속으로, 생김새는 도롱뇽과 비슷하지만 큰 것은 1.3m나 된답니다. 두개골 좌우에 달린 부메랑 모양의 돌출부로 유명한데 이러한 머리 모양은 에리옵스 같은 포식자로부터 자신을 보호하면서 한편으로는 고래의 꼬리지느러미처럼 물속을 미끄러지듯 헤엄칠 수 있도록 도왔어요. 약한 다리와 짧은 꼬리로 보았을 때 몸을 위아래로 움직이며 헤엄 쳤을 거라고 해요.

| 분류 | 동물계→넥트릭스목-양서류 | 출현시기 | 페름기 초기 | 크기 | 몸길이 60cm 정도 | 식성 | 육식성 |

딜로포사우루스 — Dilophosaurus

볏이 두 개 달린 도마뱀 (육식)

북아메리카에서 거의 완벽한 모습의 화석이 발견됐어요. '볏이 두 개 달린 도마뱀'이라는 뜻으로 머리뼈 양쪽에 30cm 정도의 뼈로 된 반달 모양 볏이 달려 있답니다. 이 볏은 암컷을 유혹하기 위해 수컷에만 있고, 적을 위협하기 위해 색깔이 있었을 거라는 의견도 있어요. 날씬한 몸과 긴 꼬리로 보아 매우 빨리 달렸겠지만 턱이 약한데다 날카롭긴 해도 이빨이 작아 사냥하기 쉽지 않았을 것으로 보여요. 육식공룡으로는 부적합한 부분이 많은데다 여러 개의 화석이 한꺼번에 발견된 것으로 보아 무리지어 사냥했음을 알 수 있어요.

- **분류** 동물계―용반목―수각류
- **출현시기** 쥐라기 전기
- **크기** 몸길이 6m, 높이 1.6m, 몸무게 400~450kg
- **식성** 육식성(작은 포유류 등)

람베오사우루스

Lambeosaurus

람베의 도마뱀 (초식)

북아메리카에서 발견했어요. '람베의 도마뱀'이란 뜻을 가졌는데 오리주둥이공룡 가운데 가장 큰편에 속해요. 큰 건 몸길이가 12m 이상이랍니다. 머리 위에 커다랗고 뾰족한 볏이 있는데 암수의 모양이 달라 이성을 유혹하는 용도로 사용하지 않았을까 추측해요. 속이 비어있는 것으로 보아 소리를 낼 때 사용한 것 같기도 하구요. 코는 좁고 부리는 넓적했으며 피부는 자갈비늘로 덮여있어요. 평소에는 사족보행을 했지만 육식공룡의 공격을 받으면 두 발로 빠르게 뛰었답니다. 온순한 성격에 무리지어 살았어요.

- **분류** 동물계—조반목—조각류
- **출현시기** 백악기 후기
- **크기** 몸길이 9~10m, 높이 5m, 몸무게 4t
- **식성** 초식성(솔잎, 꽃식물의 잔가지와 잎)

마이아사우라

Maiasaura

착한 어미 도마뱀 (초식)

미국에서 발견했어요. '착한 어미 도마뱀'이라는 뜻으로, 새끼 돌보는 공룡을 처음 발견했다고 해서 이런 이름을 붙였다는군요. 미국의 공룡학자 호너가 발견한 공룡둥지 안에 알이 놓여있었기 때문이에요. 새의 둥지와 비슷하게 생긴 이 둥지의 발견으로 인해 공룡이 파충류보다는 조류에 가깝다는 주장이 나왔어요. 또 주변에서 어린 새끼들이 여럿 발견된 것으로 보아 무리지어 살며 공동으로 새끼들을 보호했다는 사실도 추측해볼 수 있답니다. 공룡이 파충류와는 달리 알을 부화시킨 후 새끼를 길렀다는 가설을 세울 수 있게 됐어요.

분류	출현시기	크기	식성
동물계—조반목—조각류	백악기 후기	몸길이 9m, 몸무게 2.3t	초식성

메가테리움

Megatherium

땅나무늘보 (잡식)

남아메리카와 북아메리카에서 발견했어요. 부드러운 모피를 가진 포유류의 초식동물로 분류되지만 배설물에서 육식의 흔적이 발견돼 잡식성일 가능성도 배재할 수 없답니다. 현존하는 유모목인 나무늘보와 유사한 점은 휘어진 앞발톱과 기다란 혀예요. 뒷발에는 갈고리모양발톱이 있어 땅을 파거나 나뭇가지를 긁어모을 때 사용했을 것으로 보이죠. 코끼리처럼 커다란 덩치에 큰 꼬리를 가졌답니다. 앞발을 들어 튼튼한 뒷다리로 지탱하고 선 채 높은 나무의 잎사귀도 뜯어먹었을 것으로 추측돼요.

| 분류 | 동물계—피갑목—고대포유류 | 출현시기 | 신생대 | 크기 | 길이 6m, 몸무게 4t | 식성 | 잡식성 |

모사사우루스

Mosasaurus

뮤즈의 도마뱀 (육식)

네덜란드에서 발견했어요. '뮤즈의 도마뱀'이라는 뜻을 가졌는데 생김새는 물고기와 도마뱀을 섞어놓은 것 같답니다. 몸은 물고기를 닮아 길쭉하지만 뼈의 구조는 도마뱀과 비슷하거든요. 육지에서 살다 물속 생활에 적응하며 진화했을 것으로 보여요. 긴 몸통을 바다뱀처럼 좌우로 흔들며 수영 했을 것 같아요. 두개골은 악어의 형태와 비슷하고 큰 입에 날카로운 이빨을 가졌어요. 바다의 티라노사우루스라고 불릴 만큼 난폭한 성격으로, 동족까지도 잡아먹었다고 하네요.

- **분류** 동물계─유린목─해양파충류
- **출현시기** 백악기 후기
- **크기** 몸길이 10~20m, 몸무게 5t
- **식성** 육식성(물고기, 거북, 두족류, 어룡 등)

모스콥스

Moschops

송아지 얼굴 (잡식)

남아프리카에서 발견했어요. 가장 큰 특징은 두꺼운 머리뼈로, 꼭대기 뼈의 경우 10cm가 넘는답니다. 박치기공룡으로 유명한 파키케팔로사우루스처럼 서로 머리를 부딪치며 싸웠을 것으로 보여요. 목뼈는 다른 동물들처럼 머리 뒷부분에서 연결된 것이 아니라 머리 아래쪽에서 머리뼈와 연결 되어 있죠. 이는 코를 땅으로 향한 채 걸었다는 걸 의미한답니다. 둥근 팔구멍이 있어 다른 원시 단궁형파충류보다 더 크게 앞다리를 움직일 수 있었을 것으로 보여요.

분류	동물계-수궁목-수궁류	출현시기	고생대	크기	몸길이 5m, 몸무게 1.5t, 높이 2m
식성	잡식성(식물, 작은 동물)				

미크로랍토르

Microraptor

깃털 달린 (육식)

중국 랴오닝성에서 발견했어요. 깃털 달린 육식공룡으로 학명에서도 알 수 있듯이 아주 작은 편이에요. 지금까지 알려진 가장 작은 육식 공룡인 콤프소그나투스의 60cm보다 작았을 수도 있답니다. 시조새보다 뒤에 나온 공룡인데, 미크로랍토르가 중요한 이유는 공룡과 새의 연관성을 추측해볼 근거를 주기 때문이에요. 처음 발견당시 시조새와 혼동되어 2000년에야 지금의 이름을 갖게 됐어요. 가장 큰 특징은 날개가 네 개라는 점이고 다리와 발목, 꼬리까지 빳빳한 털로 덮여있어 신체 구조상 주로 나무 위에서 생활했을 가능성이 크답니다.

 분류 동물계—용반목—수각류   **출현시기** 백악기 전기 **크기** 몸길이 38~90cm, 높이 0.6m, 몸무게 1~3kg

식성 육식성(곤충, 작은 동물)

민미 — Minmi

민미부근 교차로 (초식)

호주에서 발견했어요. 일반적인 갑옷공룡과 달리 배까지도 갑옷으로 덮여있답니다. 한때 이름이 가장 짧은 공룡(민미는 발견지 부근의 교차로 이름)으로 유명했는데 최근 중국에서 메이(Mei)라는 공룡이 발견되면서 그 자리를 내주게 되었다네요. 사족보행을 했는데 앞다리가 뒷다리보다 더 짧기 때문에 느리게 걸었을 거예요. 두개골은 거북이와 비슷하고 목이 짧으며 등에는 돌기가 있고 꼬리를 따라 두 개의 골침이 나있답니다. 골침의 용도에 대해서는 현재까지 밝혀진 바가 없다고 해요.

- **분류** 동물계—조반목—곡룡류
- **출현시기** 백악기 전기
- **크기** 몸길이 3m, 높이 1m, 몸무게 250kg
- **식성** 초식성

바리오닉스

Baryonyx

무거운 발톱 (육식)

영국에서 발견했어요. '무거운 발톱'이라는 이름에서 알 수 있듯이 앞발톱, 특히 엄지발톱은 30cm가 넘어요. 발굴된 화석의 위 속에서 물고기 뼈와 비늘이 나왔는데 이걸 근거로 강이나 바닷가에 살며 주로 물고기를 잡아먹었다는 것을 알 수 있어요. 튼튼하면서도 자유롭게 움직일 수 있는 앞발을 이용해서 작살로 찍듯 물고기를 사냥했을 것으로 보인답니다. 입 위에 볏과 같은 것이 있고 턱의 형태는 악어처럼 굴곡이 있어요.

| 분류 | 동물계 → 용반목 → 수각류 | 출현시기 | 백악기 초기 | 크기 | 몸길이 9.1m, 몸무게 1.8t | 식성 | 육식성(물고기) |

바실로사우루스

Basilosaurus

파충류의 왕 (육식)

미국에서 처음 발견했어요. 그 후 이집트나 파키스탄 등지에서도 발견되었죠. 고대 고래의 한 종류로 예전에는 해양파충류로 여겨져 '파충류의 왕'이라는 이름을 갖게 됐지만 최근에는 포유류에 가깝다는 연구 결과가 발표됐어요. 오늘날의 고래에는 없는 길이 약 46cm의 뒷다리를 가지고 있는데 턱없이 작은 이 뒷다리의 용도는 아직까지 밝혀진 바가 없어요. 다만 원시 고래가 예전에는 육지생활도 했을 거라는 가설과 함께 교미를 유도하거나 자극할 때 사용됐을 거라는 주장이 있답니다.

분류	출현시기	크기	식성
동물계―고래목―포유류	에오세기	몸길이 15~18m, 몸무게 50t	육식성

발라우르

Balaur

다부진 드래곤 (육식)

루마니아 하체그 섬에서 발견했어요. 루마니아 전설에 나오는 드래곤 발라우르에서 이름을 따왔답니다. 발라우르는 섬에서 고립되어 살았던 것 같은데 그 때문에 다른 드로마에오사우루스과와 구별되는 특이점이 있어요. 더 짧고 무거운 뼈, 뒷발에 갈고리발톱이 두 개씩인 것과 3번 앞발가락이 거의 퇴화된 점 등이에요. 특히 앞발은 발톱이 두 개만 남아있을 정도로 퇴화되어 사실상 기능을 상실했죠. 뒷다리의 형태로 보아 달리기와는 맞지 않았을 텐데 그럼에도 불구하고 당시 하체그섬에서는 최고 포식자였을 것으로 보인답니다.

분류	동물계—용반목—수각류	출현시기	백악기 후기	크기	몸길이 2m, 높이 40~50cm, 몸무게 40kg
식성	육식성				

밤비랍토르

Bambiraptor

밤비 약탈자 (육식)

미국에서 95% 이상 거의 완벽한 골격으로 발견되었답니다. 소형공룡으로 이름은 '밤비(디즈니만화 캐릭터) 약탈자'라는 뜻을 가지고 있는데, 공룡과 조류 사이의 고리를 확인시켜줄 귀중한 발견 이라네요. 지금까지 발견된 공룡 가운데 새와 가장 비슷하게 생겼으며 몸집도 작아요. 새처럼 가슴에 차골을 가졌고 상대적으로 뇌가 큰 편인데 오늘날의 새와 지능이 비슷했을 것 같다는군요.

분류 동물계―용반목―수각류　**출현시기** 백악기 후기　**크기** 몸길이 2m, 높이 0.6m, 몸무게 5kg　**식성** 육식성

벨로키랍토르

Velociraptor

날랜 사냥꾼 (육식)

몽골에서 처음 발견된 후 중국, 러시아 등지에서도 발견됐어요. 작은 몸에 비해 지능이 높은데다 몸이 날렵해서 자기보다 큰 공룡도 사냥했답니다. 학명은 '날랜 사냥꾼'이라는 뜻인데 앞발로 먹이를 붙잡고 뛸 수 있기 때문에 붙여진 이름이래요. 몸이 길고 날렵해서 시속 60km까지 달렸을 거라고 추측해요. 앞발에 세 개, 뒷발에 네 개의 발가락이 있는데 앞발 가운데발톱은 길이가 18cm나 되고 낫 모양으로 휘어져 있어 사냥감을 찍어 누르는데 사용했을 것 같아요. 아시아 지역에서 발견된 공룡 가운데 가장 사납고 잔인하답니다.

분류	동물계→용반목→수각류	출현시기	백악기 후기	크기	몸길이 1.8~3m, 높이 1.5m, 몸무게 20~40kg
식성	육식성(포유류, 파충류 등)				

벨제부포

Beelzebufo

두꺼비 대왕 (육식)

아프리카에서 발견했어요. 고대 양서류로 지금까지 지구상에 살았던 어떤 개구리보다도 커요. 1억1천만년 전 남아메리카 대륙 뿔개구리와 공통조상에서 갈라져 나왔어요. 학명은 마왕인 베알제붑에서 따온 것으로 '두꺼비 대왕'이라는 뜻이죠. 머리통이 크고 머리뼈가 주름지게 돌출되어 골질 비늘인 인갑이 있었을 것으로 추측된답니다. 새끼악어는 물론 공룡의 새끼까지 잡아먹었고, 건조 지역에 살면서 숨어있다 먹잇감을 덮치는 방법으로 사냥했을 거라고 해요.

분류: 동물계—척색동물문—양서류	출현시기: 백악기 후기	크기: 몸길이 40cm, 높이 1.5m, 몸무게 4~4.5kg
식성: 육식성(악어 새끼, 새끼공룡)		

브라키오사우루스

Brachiosaurus

팔 도마뱀 (초식)

북아메리카와 아프리카에서 발견했어요. 앞다리가 뒷다리보다 길어 '팔 도마뱀'이라는 이름이 붙었죠. 무게가 가장 많이 나가는 공룡 가운데 하나로, 거대한 몸을 유지하기 위해 하루 2톤가량의 나뭇잎과 열매를 먹었을 것으로 보여요. 성격은 온순한 편이랍니다. 머리 꼭대기에 콧구멍이 있는데 여러 가설 가운데 가장 강력한 것은 목이 길어 직사광선에 장시간 노출된 머리를 찬 공기로 식혀주는 역할을 했으리라는 거예요. 몸집이 워낙 거대해 육식공룡이 쉽사리 공격해오지 못했겠지만 만약의 경우라도 길고 강한 꼬리를 이용해 막아냈을 것으로 보인답니다.

- **분류** 동물계─용반목─용각류
- **출현시기** 쥐라기 후기
- **크기** 몸길이 25~28m, 높이 16m, 몸무게 40~50t
- **식성** 초식성(식물의 열매와 잎)

산퉁고사우루스

Shantungosaurus

산둥의 도마뱀 (초식)

중국 산둥성에서 발견했어요. 오리주둥이공룡 가운데 가장 큰 몸집을 가졌는데 이는 용각류를 제외한 최대 크기예요. 앞다리가 뒷다리보다 약간 짧지만 네 발로 기어 다녔고, 몸길이와 거의 맞먹는 긴 꼬리는 두껍고 단단한 근육으로 이루어져 걸을 때 몸의 균형을 잡아주었어요. 약 1500개의 작은 이빨을 가졌고 볼이 발달해 먹이를 입안에 넣어 흘리지 않고 씹어 먹었을 수 있었어요. 코와 가까이 있는 커다란 구멍을 이용해 의사소통을 한 것 같고, 무리지어 생활하는 온순한 공룡이었답니다.

- **분류** 동물계—용반목—용각류
- **출현시기** 쥐라기 후기
- **크기** 몸길이 14~16m, 높이 6~8m, 몸무게 7~8t
- **식성** 초식성

스밀로돈

Smilodon

칼이빨 호랑이 (육식)

북아메리카 지역에 번성했던 맹수예요. 공룡이 살았던 중생대에도 있었지만 공룡 멸종 이후에 번성했을 것으로 보여요. 크기는 오늘날의 사자와 비슷하고 검치호(saber-toothed tiger)라고도 부른답니다. 생김새는 현재의 호랑이나 고양이와 비슷하지만 호랑이보다 훨씬 강한 이빨과 턱을 가졌어요. 송곳니의 길이가 18~20cm나 되며 악관절이 특이해 입을 120도까지 벌리는 게 가능했대요. 몸집이 자기보다 훨씬 큰 매머드 같은 대형 초식동물도 사냥했지만 달리기가 빠르지 않아 주로 무리지어 공격했을 것으로 보여요. 스밀로돈은 '칼이빨'이라는 뜻이랍니다.

- **분류** 동물계—식육목—포유류
- **출현시기** 신생대
- **크기** 몸길이 3m 이상, 몸무게 최대 400kg
- **식성** 육식성(대형 초식공룡)

스코미무스 Suchomimus

악어를 닮은 (육식)

아프리카에서 발견했어요. 오늘날의 악어와 비슷하게 생긴 기다란 주둥이 때문에 '악어를 닮은' 이라는 이름을 갖게 됐어요. 수백 개의 이빨이 있고 앞발이 긴 것으로 보아 물가에 살며 주로 물고기를 잡아먹었을 것으로 보인답니다. 스코미무스는 바이오닉스와 매우 유사한 특징들을 갖고 있는데 몸집은 훨씬 크지만 거대한 앞발톱을 가졌고 신경배돌기가 조금 더 높게 솟아있어요. 이런 이유로 바이오닉스가 아프리카로 건너가 진화한 것이 스코미무스라고 보는 학자도 있는데 정확한 것은 아직 알 수 없답니다.

분류 동물계—용반목—수각류　**출현시기** 백악기　**크기** 몸길이 11~12m, 몸무게 3~6t　**식성** 육식성(물고기)

스테고사우루스

Stegosaurus

지붕을 가진 도마뱀 (초식)

'지붕을 가진 도마뱀'이라는 의미예요. 사족보행을 했는데 머리와 꼬리는 짧고 뒷다리가 앞다리 보다 훨씬 길어 등이 활처럼 굽은 채 머리가 땅에 닿는 자세를 취했답니다. 등줄기를 타고 삼각형 모양 골판이 어슷하게 나있는데 이는 방어용이면서 동시에 체온을 조절하는 역할도 한 것 같아요. 꼬리 끝에 달린 못처럼 생긴 네 개의 큰 가시는 적에게 치명적인 무기였을 거예요. 앞다리의 발가락은 다섯 개, 뒷다리는 세 개로 발톱은 모두 굽의 형태를 띠고 있어요. 뇌는 작아 호두알만 했답니다.

| 분류 | 동물계—조반목—파충류 | 출현시기 | 쥐라기 | 크기 | 몸길이 약 3~9m, 몸무게 약 2t | 식성 | 초식성 |

스티라코사우루스

Styracosaurus

긴 가시가 있는 도마뱀 (초식)

북아메리카에서 발견했어요. '긴 가시가 있는 도마뱀'이라는 뜻으로 코 위의 긴 뿔을 비롯해 프릴 가장자리에도 뿔들이 달려있답니다. 유난히 긴 뿔은 육식공룡의 공격을 막는 무기였을 뿐 아니라 암컷을 유혹하거나 경쟁자를 위협하는 용도로도 쓰였죠. 잘 발달된 날카로운 이빨로 질긴 식물도 씹어 삼킬 수 있었어요. 전체적인 모습은 트리케라톱스와 닮았지만 눈 위에 뿔이 없고 몸의 크기도 더 작았답니다.

분류	출현시기	크기	식성
동물계—조반목—각룡류	백악기 후기	몸길이 5~5.5m, 몸무게 3t	초식성

스피노사우루스 Spinosaurus

가시 도마뱀 (육식)

이집트에서 처음 발견했어요. '가시 도마뱀'이라는 뜻으로 디메트로돈처럼 등에 부채살 모양의 돛이 있답니다. 척추돌기가 솟아서 형성된 돛은 크기가 2m 가까이 돼요. 정확한 돛의 역할은 알수 없지만 실핏줄이 많은 것으로 보아 체온을 조절하는 기관이었다고 추측하죠. 다른 수각류 공룡에 비해 앞발이 커서 사족보행의 가능성도 있어요. 악어처럼 길쭉한 머리와 송곳처럼 날카로운 이빨의 형태로 보아 주로 물가나 늪지대에 살며 물고기를 잡아먹었을 것으로 보인답니다.

- **분류** 동물계 — 용반목 — 용각류
- **출현시기** 백악기 중기
- **크기** 몸길이 12~18m, 몸무게 4t
- **식성** 육식성(동물의 시체나 물고기)

실러캔스

Coelacanth

살아있는 화석 (육식)

중생대 백악기까지 바다에 생존했던 오래된 물고기예요. 원시적 형태로 마다가스카르 근해에서 생존이 확인되어 '살아있는 화석'이라 불리며 전 세계를 놀라게 했죠. 경골어류 가운데 육상생활에 적응하기 위해 진화된 무리를 내비공어류라고 하는데 콧구멍이 구강에 열려있어 공기호흡이 가능 했어요. 심해에 적응하기 전에는 다리처럼 생긴 앞지느러미와 폐처럼 사용 가능한 부레가 있어 육상에 올라오기도 했지만 양서류로 진화한 물고기들과는 달리 다시 바다로 돌아간 것 같아요. 이름은 '속이 빈 등뼈'라는 뜻이 있답니다.

- **분류**: 동물계-경골어류
- **출현시기**: 고생대 데본기
- **크기**: 몸길이 약 1.6m, 몸무게 약 80kg
- **식성**: 육식성(작은 물고기)

아르젠티노사우루스

Argentinosaurus

가장 큰 공룡 (초식)

남미 아르헨티나에서 발견했어요. 지금까지 발견된 공룡 가운데 가장 큰 편이에요. 7개의 척추골과 천골, 장골, 치골, 대퇴골, 경골 등 극히 적은 양의 뼈만 발견되었지만 그 엄청난 크기를 짐작할수 있답니다. 등뼈의 무게 100kg, 선골은 400kg이나 되거든요. 몸무게가 100t까지 나갔을 거라는 의견도 있어요. 이 정도의 몸을 유지하기 위해서 등뼈를 서로 단단하게 연결할 수 있는 특별한 관절이 발달해 있는데 이는 아르젠티노사우루스만의 특징이에요. 다른 용각류처럼 무리생활을 했답니다.

- **분류** 동물계―용반목―용각류
- **출현시기** 백악기 후기
- **크기** 몸길이 30~35m, 높이 6~8m, 몸무게 60~80t
- **식성** 초식성

아마르가사우루스

Amargasaurus

아마르가 도마뱀 (초식)

남미의 아르헨티나에서 발견했어요. '아마르가'는 마을 이름이면서 백악기 지층의 이름이기도 해요. 골격이 매우 양호하게 보존되어 있는데 발견 당시 독특한 모양 때문에 관심을 끌었죠. 목이 짧은 일반적인 용각류와는 다르게 목부터 등줄기를 따라 엉덩이까지 돌기가 있거든요. 엉덩이 쪽으로 내려갈수록 돌기의 크기가 작아지는데 목에 있는 돌기 두 개는 길이가 수십 미터나 돼요. 이 돌기는 스테고사우루스와 같은 골판 형태가 아니라 디메트로돈의 돛과 더 비슷하죠. 긴 가시모양의 돌기는 너무 가늘어 공격이나 방어용은 아니었을 것 같고 구애나 과시용, 혹은 체온조절용으로 보인답니다.

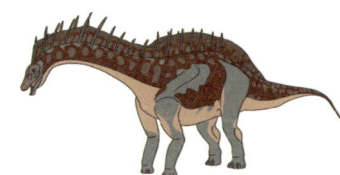

- **분류** 동물계—용반목—용각류
- **출현시기** 백악기 전기
- **크기** 몸길이 10~12m, 몸무게 5~6t
- **식성** 초식성

안킬로사우루스

Ankylosaurus

연결된 도마뱀 (초식)

북아메리카에서 발견했어요. '연결된 도마뱀'이라는 뜻으로, 갑옷공룡 가운데 가장 크답니다. 온몸과 머리까지도 딱딱한 갑옷으로 덮여있어 마치 탱크를 연상시키는데 갑옷 위로 가시까지 솟아있어 몸을 완벽하게 보호할 수 있었죠. 공격을 받으면 납작하게 엎드려서 피하다가 꼬리 끝에 달린 단단한 망치 모양의 뼈를 휘둘러 적을 물리쳤을 것으로 보여요. 꼬리근육이 얼마나 강한지 한 번 맞으면 어떤 육식공룡이라도 뼈가 부러졌을 거예요. 튼튼한 발로 천천히 걸어 다니며 풀을 뜯어먹고 살았답니다.

분류 동물계—조반목—곡룡류   **출현시기** 백악기 후기   **크기** 몸길이 5~10m, 몸무게 4~7t   **식성** 초식성

알로사우루스　Allosaurus

특별한 도마뱀 (육식)

북미, 아프리카, 호주 등에서 지금까지 화석이 40여개나 발견되었어요. 이름에는 '특별한 도마뱀', '이상한 도마뱀'이라는 뜻이 있죠. 쥐라기시기의 가장 크고 강한 육식공룡으로, 큰 입을 가졌고 날카로운 이빨이 30여개나 있답니다. 무리를 지어 사냥했다는 주장도 있지만 이들이 사회적이라는 증거는 거의 발견되지 않았어요. 성격이 포악해서 몸집이 큰 초식공룡뿐 아니라 육식공룡까지도 잡아먹었죠. 몸길이의 반을 차지하는 긴 꼬리로 몸의 균형을 잡았으며 억세고 큰 골반과 튼튼한 뒷다리로 매우 빨리 달렸답니다.

분류	출현시기	크기	식성
동물계—용반목—수각류	쥐라기 후기	몸길이 10~12m, 몸무게 약 2t	육식성

알베르토사우루스

Albertosaurus

앨버타의 도마뱀 (육식)

캐나다 앨버타에서 발견했어요. 티라노사우루스보다 이전에 출현했는데 몸집이 훨씬 작고 세로로 긴 얼굴을 가졌지만 이빨의 수는 더 많았답니다. 칼처럼 생긴 많은 이빨과 갈고리모양 앞발톱을 이용해 오리너구리공룡 등을 사냥한 것으로 보여요. 길고 튼튼한 뒷다리를 이용해 빠르게 달렸으며 이족보행을 했어요. 극단적으로 짧은데다 발톱도 두 개뿐인 앞발은 먹이를 누를만한 힘이 없어 진화의 과정에서 흔적으로 남아있는 게 아닐까 추측해볼 수 있어요. 열두 마리 화석이 한꺼번에 발견된 것으로 보아 무리를 지어 서식한 것 같답니다.

분류 동물계—용반목—수각류　**출현시기** 백악기　**크기** 몸길이 8~10m, 몸무게 3t　**식성** 육식성

암모나이트

Ammonite

아몬의 뿔 (육식)

화석조개, 암몬조개, 국석이라고도 해요. 현재 약 200과, 180속, 1만 종 이상이 확인되었어요.
중생대 표준화석이며 시기별로 각의 형태와 장식, 봉합선 등의 차이가 있어 생물의 진화를 증명하는 재료로 쓰이며 분류의 표준이 된답니다. 원시형 암모나이트는 봉합선이 단순한 사선으로 되어 있지만 진화가 이루어지면서 복잡하게 변했고 완전히 멸종되기 전에는 다시 단순한 형태로 돌아갔어요. 30억년 이상 바다에서 번성하다 어느 날 갑자기 사라져버린 수수께끼 같은 존재예요.

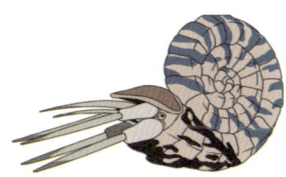

- **분류** 동물계─사새목─두족류
- **출현시기** 고생대 실루리아기~중생대 백악기, 쥐라기에 번성
- **크기** 2cm~최대2m
- **식성** 육식성

에드몬토니아

Edmontonia

에드몬토의 공룡 (초식)

아메리카에서 발견했어요. 거대한 탱크처럼 생겼답니다. 등과 머리에는 골판이 발달되어 있는데 특히 꼬리 끝에는 날카로운 골침이 많이 나 있어요. 어깨에도 네 개씩의 거대한 골침이 있어 종족끼리 힘을 겨루었을 것으로 보인답니다. 목의 장갑판 일부는 척추와 엉겨붙어있어 목을 구부리거나 움직이는 게 자연스럽지 않았을 거예요. 이들은 포식자가 공격해오면 상대적으로 약한 배 부분을 보호하기 위해 몸을 납작하게 엎드렸죠. 사족보행을 했답니다.

| 분류 | 동물계—조반목—곡룡류 | 출현시기 | 백악기 후기 | 크기 | 몸길이 6~7m, 높이 2m | 식성 | 초식성 |

에이니오사우루스

Einiosaurus

들소 도마뱀 (초식)

북아메리카에서 발견했어요. '들소 도마뱀'이라는 뜻이랍니다. 많은 뼈 무더기와 함께 완족류(조 개), 복족류(우렁이) 등과 같이 발견된 것으로 보아 홍수 같은 자연재해로 인해 떼죽음을 당했던 것으로 보여요. 처음에는 케라톱스 무리에 속하는 스티라코사우루스의 새로운 종인 줄 알았는데, 코의 뿔이 두꺼운 뼈 형태로 변해 가는 과정은 센트로사우루스가 진화하는 중간 단계의 모습이에요. 다 자란 개체에서만 관찰되는 코 위로 솟은 뿔은 특이하게도 앞쪽 아래 방향으로 휘었는데 오늘날의 들소 뿔과 비슷한 모양이랍니다.

- **분류** 동물계—조반목—각룡류
- **출현시기** 백악기 후기
- **크기** 몸길이 6m, 몸무게 2t
- **식성** 초식성

엘라스모사우루스

Elasmosaurus

판 도마뱀 (육식)

북아메리카에서 발견했어요. '판 도마뱀'이라는 뜻으로 백악기의 대표적인 수장룡이랍니다. 수장룡 가운데 몸과 목의 길이가 가장 길어요. 목의 길이만도 몸길이의 반이 넘는 8m에 달하고 75개의 목뼈가 있어 매우 유연하게 헤엄칠 수 있었죠. 목만 보면 마치 뱀 같아요. 긴 목을 이용해서 수면 위로 날아다니는 익룡까지 사냥했답니다. 머리는 몸에 비해 몹시 작고 날카로운 이빨이 줄지어 나있어요.

- **분류** 동물계—기룡목—파충류
- **출현시기** 백악기 후기
- **크기** 길이 13~14m, 몸무게 2~3t
- **식성** 육식성(물고기, 어룡, 익룡 등)

오르니톨레스테스

Ornitholestes

새 도둑 (육식)

미국에서 발견했어요. 학명은 '새 도둑'이라는 뜻인데 새처럼 민첩하고 날렵한 몸으로 알과 새끼를 도둑질했기 때문에 붙여진 이름이에요. 긴 앞발가락과 튼튼한 발톱을 이용해 물건을 쥘 수 있었답니다. 또 발달된 뒷다리를 이용해 점프도 잘 했을 것 같아요. 몸길이의 절반을 차지하는 길고 빳빳한 꼬리가 균형추 역할을 했는데 한 번 노린 먹이는 절대로 놓치지 않을 만큼 탁월한 사냥꾼이었대요. 짝짓기 철에는 코에 있는 뿔과 머리볏으로 구애했답니다.

- **분류** 동물계―용반목―수각류
- **출현시기** 쥐라기 후기
- **크기** 몸길이 2m, 몸무게 120kg
- **식성** 육식성(도마뱀, 작은 동물, 공룡 알과 새끼)

오비랍토르

Oviraptor

알 도둑 (잡식)

몽골에서 발견했어요. 처음 발견 당시 프로토케라톱스의 알들과 함께 발견되어 '알 도둑'이라는 뜻의 이름이 붙여졌는데 나중에 이 알들은 오비랍토르의 것이라는 게 밝혀졌다네요. 최근에는 알을 품고 있는 오비랍토르의 화석까지 발견되어 공룡이 새처럼 알을 품어 보호했다는 것을 알 수 있어요. 주둥이가 새의 부리처럼 생겼고 이빨이 없지만 대신 단단한 턱으로 알의 껍질을 깰 수 있었던 것으로 보여요. 머리뼈의 구조도 알을 먹기 편리하게 되어있답니다.

- **분류** 동물계 용반목 수각류
- **출현시기** 백악기 후기
- **크기** 몸길이 2m, 몸무게 100~150kg
- **식성** 잡식성(작은 파충류, 포유류, 벌레, 공룡 알 등)

에우오프로케팔루스

Euoplocephalus

잘 무장된 머리 (초식)

북아메리카에서 발견했어요. 삼각형 모양의 평평하고 두꺼운 두개골을 가졌으며 뇌의 용적은 작았답니다. 뿔 같이 생긴 부리에다 이빨은 작고 목이 짧았어요. 역시 짧고 튼튼한 다리로 사족보행을 했는데 발톱은 모두 굽 모양이에요. 머리와 몸 전체를 갑옷 같은 골판과 10~15cm 가량의 골침으로 무장한데다 꼬리 끝에 망치 모양의 근육덩어리가 있어 포식자의 공격을 효과적으로 막아낼 수 있었답니다. 주로 낮은 곳에 있는 풀을 뜯어먹고 살았던 걸로 보여요.

분류	출현시기	크기	식성
동물계―조반목	백악기 후기	몸길이 6.5m, 몸무게 2.3t 정도	초식성

유타랍토르

Utahraptor

유타의 약탈자 (육식)

미국 유타주에서 발견했어요. '유타의 약탈자'라는 뜻으로 성질이 매우 사나웠으며 무리지어 사냥했답니다. 이빨과 앞발톱이 날카로워 사냥하기 유리했는데 날렵한 뒷다리로 돌진해 뛰어오른 다음 30cm나 되는 갈고리모양 뒷발톱으로 공격해 상대를 쓰러뜨렸어요. 벨로키랍토르, 데이노니쿠스 등과는 생김새나 생활습성, 먹이 등이 매우 유사하지만 훨씬 더 다부지고 튼튼한 체형을 가졌답니다.

분류	동물계―용반목―수각류	출현시기	백악기 전기	크기	몸길이 6~7m, 몸무게 800~1000kg
식성	육식성				

유티라누스 Yutyrannus

깃털 달린 폭군 (육식)

중국 랴오닝 성에서 발견했어요. 이름은 '깃털 달린 폭군'이라는 의미를 갖고 있죠. 익시안 지층에서 거의 완전한 형태로 된 3구의 골격이 발견되었는데 온몸이 깃털로 덮여있었어요. 지금까지 발견된 깃털 달린 공룡 가운데서 가장 커요. 목과 팔은 물론 꼬리까지 길이 15~20cm 정도의 뻣뻣한 섬유질 깃털이 남아있는데 그 형태는 오늘날 병아리 깃털과 유사하답니다. 백악기 전기의 기후 조건으로 봤을 때 체온유지 용도가 있었을 거예요.

분류 동물계→수각류 **출현시기** 백악기 전기 **크기** 몸길이 9m, 높이 3.6m, 몸무게 1.4t **식성** 육식성

이구아노돈

 Iguanodon

이구아나의 이빨 (초식)

북미, 아프리카, 유럽, 아시아 등지에서 발견됐어요. 1878년 벨기에의 한 탄광에서 20개가 넘는 화석이 한꺼번에 발견되며 완전한 모습으로 복원될 수 있었답니다. 무리생활을 했고 성격은 온순 했으며 개울가나 호숫가에 서식하며 나뭇잎과 열매를 따먹고 살았어요. 보통은 네 발로 걷지만 높은 곳에 있는 열매를 먹을 때처럼 특별한 경우에는 두 발로 서는 것도 가능했을 것 같아요. 뒷다리와 꼬리가 상당히 발달돼 있고, 처음 발견 당시 뿔로 여겨졌던 앞발 첫 번째 발톱은 육식공룡을 방어할 때 사용한 걸로 보여요.

분류	출현시기	크기	식성
동물계―조반목―조각류	쥐라기 말기	길이 8~10m, 높이 5m, 1.5~5t	초식성

카메로케라스

Cameroceras

방이 있는 뿔 (육식)

북아메리카에서 발견했어요. 오징어와 비슷한 동물인 오르소콘의 일종으로, 암모나이트와 오늘 날에도 존재하는 앵무조개의 사촌쯤 된답니다. 다른 조개류처럼 빈 방으로 된 껍질을 가졌는데 물속에서 오르내릴 때 이 방에 공기를 채워 떠오르게 했어요. 앞으로 나아가기 위해서는 머리 앞쪽 수관을 통해 엄청난 압력으로 물을 뿜어 그 반대 방향으로 나아가는 등 유연한 수관 덕분에 어떤 방향으로나 움직이는 게 가능했죠. 수심이 깊은 바다에 살았고 앵무새 부리 같이 강한 입으로 딱딱한 껍질도 깰 수 있었답니다.

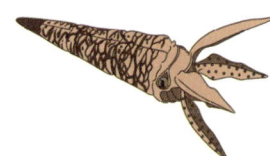

분류	동물계—연체동물문—두족강	출현시기	오르도비스기 말기	크기	10~12m
식성	육식성(물고기, 삼엽충, 바다전갈 등)				

카스모사우루스

Chasmosaurus

갈라진 도마뱀 (초식)

북미 캐나다에서 발견했어요. '갈라진 도마뱀'이라는 뜻으로 생김새는 오늘날의 코뿔소와 유사해요. 각룡류 중에서도 프릴이 워낙 큰 편으로 하트 모양의 프릴이 머리뼈의 반 이상을 차지한답니다. 이 프릴은 적을 위협하거나 암컷을 유혹하기 위해 쓰였어요. 눈 위에 둘, 코 위에 하나의 뿔이 있는데 이는 길이가 50cm나 되기 때문에 매우 위협적인 무기였을 거예요. 부리모양의 주둥이로 풀을 뜯어 먹으며 사족보행을 했어요. 무리지어 살았으며 성격은 온순한 편이었답니다.

분류 동물계─조반목─각룡류　**출현시기** 백악기 후기　**크기** 몸길이 5m, 몸무게 1.5~2t　**식성** 초식성

케라토사우루스

Ceratosaurus

뿔이 있는 도마뱀 (육식)

북아메리카에서 발견했어요. '뿔이 있는 도마뱀'이라는 뜻이지만 콧등과 이마에 난 뿔이 그리 크지 않기 때문에 사냥보다는 암컷을 유혹하거나 세를 과시하기 위해 사용됐을 것으로 보여요. 하지만 뿔 때문에 머리 무게는 다른 육식공룡들보다 무거운 편이었어요. 강한 턱과 날카로운 이빨, 짧은 앞다리와 튼튼한 뒷다리 등 사냥하기 좋은 신체조건을 갖추고 있죠. 한곳에서 여러 개의 발자국 화석이 발견된 것으로 보아 무리지어 사냥했음을 알 수 있어요.

분류	출현시기	크기	식성
동물계—용반목—수각류	쥐라기 후기	몸길이 6m, 몸무게 1t	육식성

켄트로사우루스

Kentrosaurus

창 달린 도마뱀 (초식)

아프리카 탄자니아에서 발견했어요. 스테고사우르스와 비슷하게 생겼지만 등의 골판이 좀 더 작고 등 뒤쪽에서 꼬리까지 가시가 있어요. 꼬리까지 이어지는 가시 때문에 '끝이 뾰족한 도마뱀' 혹은 '창 달린 도마뱀'이라는 학명이 붙었어요. 마주보고 쌍을 이루는 골판은 뼈와 연결되어있지 않아 정확한 원래 위치는 알 수가 없어요. 머리뼈는 작고 좁으며 이빨 없는 작은 부리와 조그마한 어금니가 있답니다. 걸음이 느렸으며 육식공룡이 공격해오면 골판과 가시를 휘둘러 방어한 것으로 보여요.

분류	동물계→조반목→검룡류	출현시기	쥐라기 후기	크기	몸길이 3~5m, 몸무게 400~1500kg
식성	초식성				

켈렌켄

Kelenken

공포새 (육식)

아르헨티나에서 아르젠타비스와 같이 서식했어요. 부리의 길이 18인치, 부리를 포함한 두개골의 길이가 28인치로 현재까지 존재하는 새 가운데 머리가 가장 크답니다. 날지 못하는 거대 육식성 새계통인 공포새 가운데서도 가장 큰 종이에요. 사냥방식에 대해서는 여러 가지 의견이 있는데 거대한 부리로 먹잇감을 내리쳐 뼈가 으스러지게 만드는 방법, 먹잇감을 입에 물고 척추가 부러질 때까지 흔드는 방법이 그것이에요. 거대한 몸집과 흉악한 생김새 때문에 남의 먹이를 빼앗는 것도 가능 했답니다.

분류 동물계—느시사촌목—공포새과	**출현시기** 마이오세 중기	**크기** 몸길이 1.8m, 몸무게 180kg 정도
식성 육식성 (중소형 포유동물)		

코리아케라톱스

Koreaceratops

한국의 뿔이 있는 머리 (초식)

대한민국 화성에서 발견되어 '한국의 뿔이 있는 머리'라는 이름을 갖게 되었어요. 거의 완벽한 상태의 척추, 늑골, 다리뼈 등이 연결된 채 발견되었으며 한반도 최초의 원시 뿔공룡이에요. 척추 중심체의 다섯 배 이상 높이 솟아있는 미추의 신경배돌기와 목말뼈가 눈에 띄는 특징이죠. 학자들은 이러한 특징이 물속에서 헤엄치기 위해 독립적으로 여러 번 진화된 상태에서 나타난다고 보았어요. 프로토케라톱스와 아르카이오케라톱스 사이의 연결고리랍니다.

- **분류** 동물계—조반목—각룡류
- **출현시기** 백악기 후기
- **크기** 몸길이 2.3m, 높이 0.6m, 몸무게 150Kg
- **식성** 초식성

코리토사우루스

Corythosaurus

헬멧 도마뱀 (초식)

북아메리카에서 발견했어요. 이름의 뜻은 '헬멧 도마뱀'으로, 머리 위에 있는 둥근 볏 때문에 붙여졌답니다. 콧구멍과 연결된 이 볏은 속이 텅 비어있어 높고 낮은 소리를 내며 서로 의사를 전달 했을 것으로 보여요. 또한 이 볏 안에 공기를 채워 물속으로 잠수할 수도 있었죠. 6백여 개의 작은 이빨들과 볼에 있는 먹이주머니로 질긴 식물도 잘게 씹어 삼켰어요. 주둥이는 오리주둥이처럼 생겼고 앞발엔 물갈퀴가 있었을 것으로 추정돼요. 캐나다에서 발견된 화석에는 피부의 흔적도 남아 있답니다.

분류	출현시기	크기	식성
동물계—조반목—공룡류	백악기 후기	몸길이 9~10m, 몸무게 5t	초식성

코틸로린쿠스

Cotylorhynchus

컵 모양의 오목한 주둥이 (초식)

미국에서 발견했어요. '컵 모양의 오목한 주둥이'란 뜻을 가졌는데 양막류의 분화 시에 있었던 최초의 종 가운데 일부로 반룡류 가운데 가장 큰 개체면서 북아메리카에 살았던 가장 거대한 포유류형 파충류 중 하나예요. 당시에는 가장 큰 척추동물이었답니다. 거대한 자루처럼 생긴 몸통에 매우 작은 머리를 갖고 있어 비율적으로 불균형이 심했어요. 워낙 거구의 몸이라 그리 위협적인 포식자는 많지 않았던 걸로 보여요.

분류 동물계—파충강—반룡목   **출현시기** 페름기   **크기** 몸길이 6m, 높이 1.8m, 몸무게 2t   **식성** 초식성

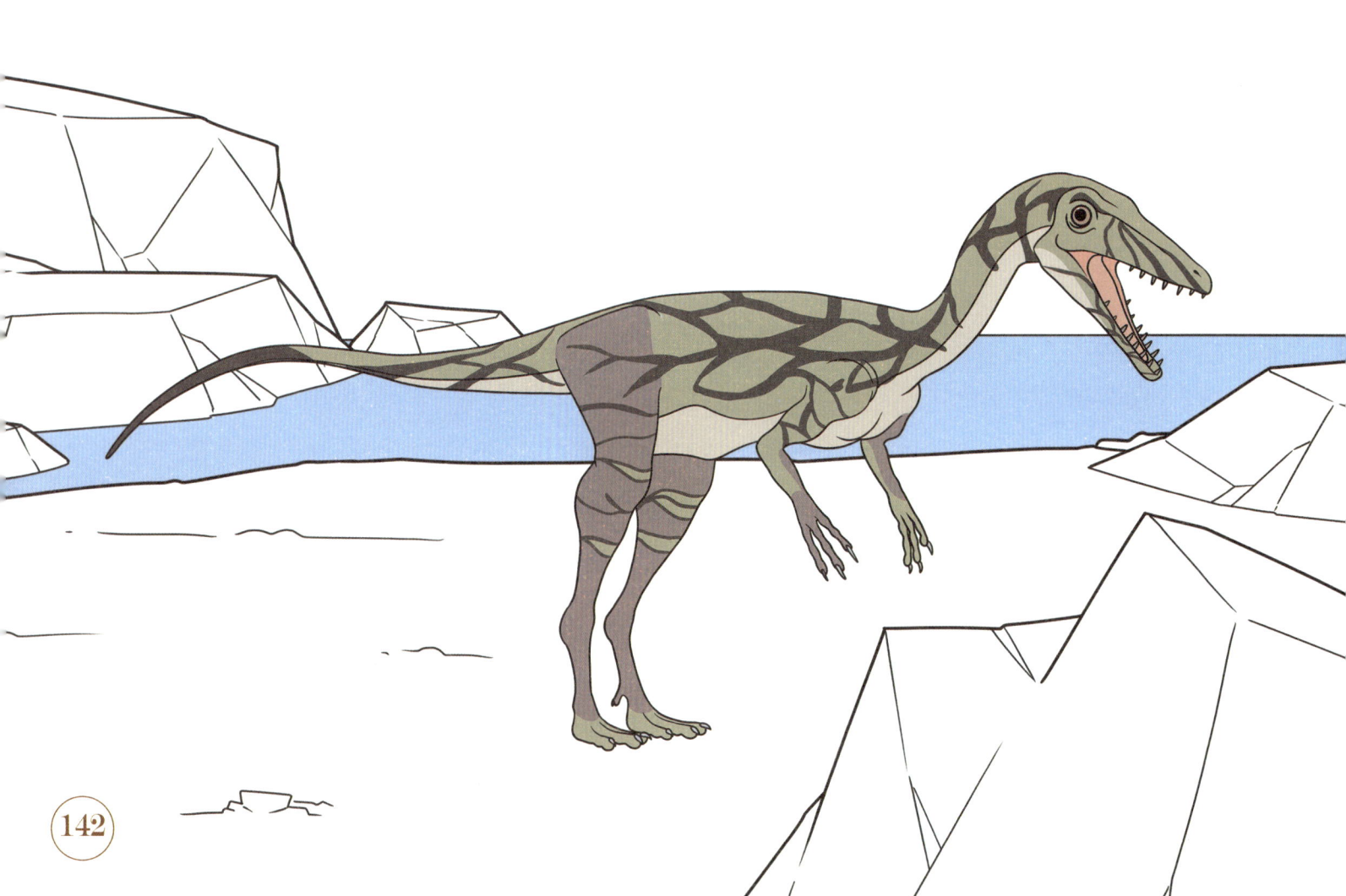

콤프소그나투스

Compsognathus

예쁜 턱/작은 턱 (육식)

독일에서 발견했어요. '예쁜 턱' 혹은 '작은 턱'이라는 뜻을 가졌지만 성질은 사나웠을 것으로 보인답니다. 닭과 비슷한 크기로 지금까지 발견된 공룡 가운데 몸집이 가장 작아요. 머리가 좋고 민첩했으며 다리의 구조나 무게는 새와 거의 비슷했죠. 깃털과 털이 있었을 가능성도 있어요. 주로 물가나 늪지대에 살았으며 갈고리처럼 생긴 앞발로 먹이를 붙잡거나 집어 올렸던 것으로 보인답니다.

분류	동물계—용반목—수각류	출현시기	쥐라기 후기	크기	몸길이 0.6m, 몸무게 2~3kg
식성	육식성(개구리, 도마뱀, 조개 등)				

크로노사우루스

 Kronosaurus

거대한 도마뱀 (육식)

호주에서 발견했어요. '거대한 도마뱀'이라는 뜻으로 그리스신화의 크로노스에서 따온 이름이에요. 다리가 변해서 된 지느러미는 튼튼하고 강해 날갯짓하듯이 위아래로 움직이며 매우 빠른 속도로 헤엄쳤을 거예요. 꼬리는 공룡 꼬리에 가까워요. 일반적인 수장룡의 목은 매우 긴데 비해 크로노사우루스는 목이 짧고 두개골이 3~4m 정도로 몸길이의 1/4이나 된답니다. 매우 큰 입에 20cm가 넘는 날카로운 이빨과 강한 턱을 이용해 어떤 먹이라도 한 번 잡으면 놓치지 않았을 거예요. 당시 바다에서는 최상위 포식자에 속했답니다.

분류 동물계—파충류—수장룡 **출현시기** 백악기 전기 **크기** 몸길이 9~10m, 몸무게 3t **식성** 육식성

타르보사우루스

 Tarbosaurus

놀라운 도마뱀 (육식)

중국에서 발견했어요. '놀라운 도마뱀'이라는 뜻으로 백악기 말 몽골 등 아시아에서 번성했던 공룡이에요. 티라노사우루스속의 아시아 대표종이라고 볼 수 있죠. 두개골의 크기는 1.3m 정도로 매우 큰 편이지만 티라노사우루스에 비해 머리뼈는 얇고 가벼웠어요. 50여개의 날카로운 이빨과 무려 7t에 이르는 악력으로 먹이를 물었다 하면 절대 놓치지 않았을 걸로 보인답니다. 육중한 체구에 비해 지나치게 짧은 앞다리가 특징적이에요.

분류 동물계—용반목—수각류 **출현시기** 백악기 후기 **크기** 몸길이 12~14m, 높이 5m, 몸무게 4~5t
식성 육식성

테리지노사우루스

 Therizinosaurus

거북을 닮은 (초식)

동아시아에서 발견됐고 한반도에 서식했을 가능성도 있어요. 수각류 중에서는 특이하게도 초식을 했으며 오늘날의 고릴라와 비슷한 생활방식을 갖고 있어요. 처음 발견 당시 70cm가 넘는 긴 발톱을 거북의 갈비뼈로 오인하며 '거북을 닮은'이라는 뜻의 첼로니포르미스(cheloniformis)라는 종명이 붙었어요. 테리지노사우루스의 것으로 보이는 45cm에 이르는 알이 발견됐는데 이는 지금까지 발견된 공룡 알 가운데 가장 커요. 긴 앞발톱을 이용해 적의 공격을 방어했고 뚱뚱한 몸체를 가졌답니다.

| 분류 | 동물계—용반목—수각류 | 출현시기 | 백악기 | 크기 | 몸길이 8~11m, 몸무게 5t | 식성 | 초식성 |

토로사우루스

Torosaurus

황소머리 (초식)

북아메리카에서 발견했어요. 지금까지 지구상에 살았던 모든 동물 가운데 가장 큰 머리를 가졌으며 그 때문에 '황소머리'라는 이름이 붙었답니다. 머리 크기만도 무려 3m가량 되고 머리에는 세 개의 뿔이 있는데 이 뿔은 뛰어난 무기이긴 하지만 피부가 아닌 뼈이기 때문에 한 번 부러지면 재생이 되지 않았대요. 뿔이 부러지면 육식공룡의 먹이가 되는 건 시간문제라는 이야기죠. 목에는 커다란 프릴이 달려있는데 정확한 용도는 알 수 없지만 암컷을 유혹하거나 적을 위협하기 위해 쓰였을 거예요.

분류	출현시기	크기	식성
동물계—조반목—각룡류	백악기 후기	몸길이 7~8m, 높이 4m, 무게 5~6t	초식성

투오지앙고사우루스

Tuojiangosaurus

투오지앙의 도마뱀 (초식)

중국 투오지앙고에서 발견했어요. 검룡류 공룡 가운데는 아시아에서 처음이었죠. 등에 나란히 나있는 폭이 좁은 골판이 이 공룡의 특징이에요. 골판은 중심으로 갈수록 더 커지고 뾰족해지며, 꼬리 끝으로 가면 날카로운 가시가 몇 개 달려 있어요. 목 부분은 다른 검룡에 비해 머리를 낮게 유지할 수 있는 구조로 되어있는데, 이는 땅바닥에 돋아있는 풀을 뜯어먹기 편리하도록 발달된 거예요. 성격은 온순한 편이랍니다.

- **분류** 동물계—조반목—검룡류
- **출현시기** 쥐라기 후기
- **크기** 몸길이 6~7m, 높이 2m~2.5m, 몸무게 2.5~4t
- **식성** 초식성

트로오돈

Troodon

구부러진 이빨 (육식)

북아메리카에서 발견했어요. 이름은 '구부러진 이빨'이라는 뜻이랍니다. 공룡들 가운데 몸에 비해 뇌의 크기가 가장 큰 공룡으로, 머리가 아주 좋았을 거예요. 새와 비슷한 뇌의 크기에다 생김새도 파충류보다는 새에 가까웠죠. 눈이 크고 초창기 새의 이빨과 유사한 작고 날카로운 이빨을 가졌어요. 턱이 약한 편이어서 큰 동물을 사냥하지는 못했을 거예요. 최근 트로오돈의 둥지가 미국 몬태나주에서 발견되기도 했는데, 만약 공룡이 멸종되지 않았다면 인간 수준만큼 진화된 뇌를 가졌을 거라는 견해도 있답니다.

- **분류**: 동물계—용반목—수각류
- **출현시기**: 백악기 후기
- **크기**: 몸길이 2m, 몸무게 30kg 정도
- **식성**: 육식성(작은 포유류, 곤충 등)

트리케라톱스

Triceratops

세 개의 뿔이 있는 머리 (초식)

북아메리카에서 발견했어요. '세 개의 뿔이 있는 머리'라는 뜻으로 프릴까지 포함하면 머리길이가 2m에 달한답니다. 코 위에 짧은 뿔이 하나 있고 이마에 1m 길이의 긴 뿔이 두 개 있어요. 이 뿔은 육식공룡의 공격을 막거나 암컷에게 과시하는 용도로 쓰였을 거예요. 뿔이 부러져있는 화석이 많은 것은 생존을 위한 싸움이 엄청나게 격렬했음을 말해준답니다. 각룡 중에서 몸집이 가장 크고 무거웠으며 아주 흔한 공룡 가운데 하나였어요. 입은 앵무새의 부리처럼 생겼고 가위처럼 생긴 날카로운 이빨이 있어 질긴 식물도 잘 씹어 먹었을 것으로 보여요. 번식력이 뛰어나 최후까지도 살아 남은 공룡이죠.

분류	출현시기	크기	식성
동물계—조반목—각룡류	백악기 후기	몸길이 8~9m, 몸무게 9t	초식성

티라노사우루스

Tyrannosaurus

폭군 도마뱀 (육식)

가장 큰 특징은 1.5m에 이르는 거대한 머리와 그에 비해 지극히 짧은 앞발이에요. 두개골 안은 빈 공간이 많아 가볍고 튼튼했을 것으로 보여요. 60개의 이빨은 매우 두껍고 억셀 뿐 아니라 뿌리 까지 합쳤을 때 무려 30cm에 달하는 이빨도 있답니다. 이빨의 끝은 미세한 톱니구조로 되어있어 살점을 찢기에 알맞았고, 부러지거나 빠졌을 때도 일생동안 이빨갈이를 했대요. 턱의 악력은 1.4t 으로 지금까지 알려진 동물의 악력 가운데 최고예요. 이렇듯 이빨을 위시해서 강력한 무기인 머리가 발달되다 보니, 무게중심이 너무 앞으로 쏠리지 않기 위해 앞다리가 자연 퇴화된 것으로 보인답니다.

분류	출현시기	크기	식성
동물계→용반목→수각류	백악기	몸길이 10~14m, 높이 4m, 몸무게 5~7t	육식성

파라사우롤루푸스

Parasaurolophus

관 도마뱀 (초식)

북아메리카에서 발견했어요. '관 도마뱀'이라는 뜻인데 두개골 뒤쪽으로 길게 튀어나온 볏 때문에 붙여진 이름이에요. 이 볏의 길이는 1.8m정도로 속은 텅 비었으며 콧구멍까지 연결되어 있어 의사소통을 하는데 사용했을 것으로 추측돼요. 수컷의 볏이 더 큰 점으로 미루어 암컷을 유혹하기 위한 과시용이었을 수도 있어요. 오리주둥이처럼 넓적한 주둥이를 가졌고 이빨은 작지만 많아 다양한 종류의 나뭇잎을 먹었을 것으로 보여요. 성격은 온순한 편이랍니다.

분류	출현시기	크기	식성
동물계—조반목—조각류	백악기	몸길이 10~12m, 몸무게 4~6t	초식성

파라케라테리움

Paraceratherium

지상 최대의 포유류 (초식)

몽골에서 발견했어요. 지금까지 발견된 육상포유류 가운데 가장 큰 종으로 웬만한 공룡들보다 더 컸죠. 뿔이 없는데도 오늘날 코뿔소의 조상으로 알려져 있으며 다리와 목이 길어 나무꼭대기에 난잎사귀를 주로 먹었어요. 건조지역에서 살았는데 그 때문에 해마다 특정 시기가 되면 먹이와 물을 찾아 이동했던 것으로 보여요. 몸 안에 수분과 지방을 저장해놓을 수 있기 때문에 장시간 이동이 가능했고 먹이가 떨어지면 무리에서 떨어져 단독생활도 했던 것 같아요. 기억력이 좋아 물웅덩이와 목초지를 잘 찾았답니다.

분류 동물계―기제목―포유류 **출현시기** 올리고세 후기 **크기** 높이 5.5m, 몸길이 9m, 몸무게 10~20t
식성 초식성

파키리노사우루스

Pachyrhinosaurus

두꺼운 코 도마뱀 (초식)

북아메리카에서 발견했어요. '두꺼운 코 도마뱀'이라는 뜻으로, 눈 위에 뼈로 된 두툼한 혹이 있는데 뿔은 아니에요. 발견당시에는 격렬한 싸움 끝에 뿔이 부러진 것으로 생각됐지만 발견되는 화석마다 뿔 대신 혹이 있어 새로운 종으로 인정받게 됐어요. 이 혹은 머리를 보호하는 역할을 했는데 주로 암컷을 차지하기 위한 싸움에 이용했답니다. 성격은 온순한 편으로 다양한 식물을 먹고 살았어요. 짧고 튼튼한 다리를 이용해 제법 빠르게 달렸던 것으로 보여요.

분류	출현시기	크기	식성
동물계—조반목—각룡류	백악기 후기	몸길이~8m, 몸무게 3~4t	초식성

파키케팔로사우루스

Pachycephalosaurus

두꺼운 머리를 가진 도마뱀 (초식)

북아메리카에서 발견했어요. 이름은 '두꺼운 머리를 가진 도마뱀'이라는 뜻으로 일명 박치기공룡 이라고도 해요. 머리뼈의 두께가 25cm나 되는 것도 있는데 이는 사람 머리뼈의 무려 50배에 해당 하는 엄청난 두께예요. 머리는 헬멧을 쓴 것처럼 불쑥 솟아있고, 두꺼운 머리뼈에 비해 뇌의 크기는 겨우 호두알만하대요. 박치기를 할 때는 머리와 등뼈를 일자로 만들어 훨씬 강한 충격을 가했을 것으로 보여요. 머리 주위에는 혹처럼 생긴 작은 돌기가 다닥다닥 나있어요. 튼튼하고 긴 뒷다리로 이족보행을 하며 나뭇잎을 뜯어먹고 살았답니다.

분류 동물계─조반목─각룡류 **출현시기** 백악기 후기 **크기** 몸길이 4~6m, 몸무게 450kg **식성** 초식성

폴라칸투스

Polacanthus

많은 가시 (초식)

영국 남부에서 발견했어요. 학명은 '많은 가시'인데 갑옷을 입은 것처럼 몸 전신에 박혀있는 골판 때문에 붙여진 이름이에요. 가시처럼 생긴 돌기가 목부터 시작해 등 중심부에서 가장 크고 뾰족해 졌다가 꼬리까지 이어진답니다. 안킬로사우루스와 마찬가지로 꼬리부분에 뭉툭한 망치모양의 근육 덩어리가 달려있어 육식공룡이 공격해올 때 효과적으로 막아낼 수 있었어요. 사족보행을 했고 몸은 짧고 육중하답니다.

분류	동물계—조반목—곡룡류	출현시기	백악기 전기	크기	몸길이 4~5m, 높이 1~1.5m, 몸무게 1t
식성	초식성				

프로케라토사우루스

 Proceratosaurus

이전의 뿔달린 공룡 (육식)

발견 당시 정확히 어떤 계통에 속하는지에 대해 논란이 있었어요. 코 위에 볏 같은 것이 있어 처음엔 케라토사우루스의 조상으로 생각되었지만 그 후 알로사우르스상과로 분류되었죠. 최근에는 티라노사우루스상과에 속하며 이 분류군에서는 가장 오래 된 속이라고 결론지으며 오랜 논란에 드디어 종지부를 찍게 되었답니다. 프로케라토사우루스는 지금까지 발견된 가장 오래된 수각류라는 점에서 큰 의의를 갖고 있어요. 왜냐하면 이로써 쥐라기 중기 이전에 이미 티라노사우루스상과가 출현했다는 것을 알 수 있기 때문이죠.

| 분류 | 동물계—용반목—수각류 | 출현시기 | 쥐라기 중기 | 크기 | 몸길이 5m, 높이 2m, 몸무게 300kg | 식성 | 육식성 |

프로토케라톱스

Protoceratops

처음 뿔이 있는 얼굴 (초식)

아시아에서 발견했어요. '처음 뿔이 있는 얼굴'이라는 뜻이지만 실제로 얼굴에 뿔이 있는 것은 아니에요. 각룡 가운데 가장 먼저 등장했고 목에 프릴장식이 달린 최초의 공룡으로, 각룡류의 조상이라고 볼 수 있어요. 몽골에서 알이 발견되었는데 이는 최초로 발견된 공룡 알이었고 그 안에 새끼의 화석까지 있었답니다. 근처에서 알도둑이라는 별명의 오비랍토르 화석이 자주 발견된 것으로 보아 프로토케라톱스는 알을 낳고 부화할 때까지 둥지를 지켜 새끼를 보호한 공룡임을 짐작해볼 수 있어요.

| 분류 | 동물계—조반목—각룡류 | 출현시기 | 백악기 후기 | 크기 | 몸길이 1.5~2m, 몸무게 100~180kg | 식성 | 초식성 |

프시타코사우루스 Psittacosaurus

앵무새 도마뱀 (초식)

아시아 몽골과 중국에서만 발견됐어요. '앵무새 도마뱀'이라는 뜻으로 입이 앵무새부리처럼 뾰족 한데 이빨은 없답니다. 프릴이나 뿔과 같은 전형적인 각룡류의 특징은 아직 발달하지 않았지만 주둥이뼈의 형태 때문에 각룡류의 조상으로 여겨지고 있어요. 뒷다리가 앞다리보다 길지만 사족보행을 했고 육식공룡을 피해 달아날 땐 무척 빨랐을 것으로 예상된답니다. 나뭇잎이나 열매뿐 아니라 질긴 줄기나 뿌리까지도 위석을 삼켜 소화시킨 것으로 보여요. 무리지어 생활했으며 성격도 온순한 편이었죠.

분류 동물계—조반목—각룡류　**출현시기** 백악기 중기　**크기** 몸길이 1.5~2m, 몸무게 20kg　**식성** 초식성

프테라노돈 Pteranodon

날개가 있으나 이빨이 없다 (육식)

유럽, 북아메리카 등지에서 발견됐어요. '날개가 있으나 이빨이 없다'는 뜻으로 익룡 가운데 가장 유명해요. 대부분 바닷가 절벽에서 살았으며 물고기를 잡기 위해 육지에서 100km나 떨어진 먼 바다까지 날아간 흔적이 발견되기도 했어요. 뼈에 구멍이 나있어서 몸이 가볍고 이빨이 없기 때문에 턱이 발달하지 않아 머리 역시 가볍답니다. 머리가 무거운 익룡류의 꼬리가 긴 것에 비해 매우 짧거나 거의 없어요. 대신 머리 뒤로 뾰족하게 튀어나온 볏이 있어 하늘을 날 때 균형을 잡거나 방향을 틀 수 있었죠.

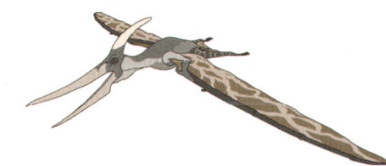

분류	동물계―익룡목―파충류	출현시기	백악기 후기	크기	몸길이 7~10m, 몸무게 14kg 이하
식성	육식성(물고기)				

하체고프테릭스

Hatzegopteryx

하체그 분지의 날개 (육식)

유럽의 루마니아에서 발견했어요. 케찰코아틀루스와 더불어 가장 거대한 익룡으로, 날개를 폈을때 12m에 달하는 최대 크기예요. 머리통 크기만 해도 3m, 목도 엄청나게 길어 기린과 맞먹을 정도였지만 두개골의 조직이 듬성듬성해서 머리는 가벼운 편이었어요. 섬과 섬 사이를 날아다니며 고립되어 소형화된 공룡을 주로 잡아먹었죠. 발견 장소인 하체그 분지는 백악기 당시 섬이었기 때문에 대부분의 공룡이 작아 하체고프테릭스가 최상위 포식자였을 것으로 보인답니다.

분류	동물계→파충강→익룡목	출현시기	백악기 후기	크기	몸길이 6m, 날개폭 12m, 몸무게 80kg
식성	육식성(소형공룡)				

후아양고사우루스

Huayangosaurus

후아양의 도마뱀 (초식)

중국에서 발견했어요. 후아양이라는 이름은 화석이 발견된 사천성의 다른 이름이랍니다. 가장 원시적인 검룡으로 앞발과 뒷발의 길이가 같고 전상악치가 발달돼 있어요. 눈앞과 아래턱 중간에 작은 구멍이 있는데 이것은 진화된 검룡류에는 나타나지 않는 특징이에요. 머리에서 시작된 쌍으로된 작은 하트모양 골판은 어깨를 지나면서 창 모양으로 변하고 엉덩이 부분에 이르면 두 개의 커다란 골침이 솟아있어 방어용으로 쓰였죠. 이 골판은 후대에 나타나는 스테고사우루스에 비해 훨씬 작아 체온조절에는 그리 효과적이지 않았을 것으로 보인답니다.

| 분류 | 동물계―조반목―검룡류 | 출현시기 | 쥐라기 중기 | 크기 | 몸길이 4~5m, 몸무게 700kg | 식성 | 초식성 |

신기하고 재밌는
공룡도감

초판 인쇄 2024년 01월 07일
초판 발행 2024년 01월 11일

글 · 그림 씨엘
펴낸이 진수진
펴낸곳 혜민BOOKS

주소 경기도 고양시 일산서구 대산로 53
출판등록 2013년 5월 30일 제2013-000078호
전화 031-911-3416
팩스 031-911-3417
전자우편 meko7@paran.com

* 본 도서는 무단 복제 및 전재를 법으로 금합니다.
* 가격은 표지 뒷면에 표기되어 있습니다.